Jürgen Nehmeyer

Irgendwo im Niemandsland zwischen Seele und Verstand

Gedichte aus der Zwischenwelt

Illustrationen
Wladimir Kirov

© 2003 Mistermurx Verlag, Ebermannstadt
Alle Rechte vorbehalten
Gestaltung: Mistermurx Verlag
Illustrationen: Wladimir Kirov
Herstellung: Books on Demand GmbH, Norderstedt
ISBN 3-8330-0234-4

Inhalt

Für Alle
die Freundschaft leben
und nicht nur darüber reden

Prolog

Willkommen im Land der Masken
Wo Seele und Verstand g'rad fasten

Hier gibt's große Masken und die kleinen
Solche die lachen und solche die weinen

Doch die Wahrheit bleibt suspekt
Sie wird hinter jenen gut versteckt

Wirklichkeit?

Hinter den Gletschern der Vergangenheit
Über die Ozeane aus Haß und Leid

Jenseits einer Welt von Lug und Hohn
Da liegen die Gärten der Kontemplation

Der Weg dorthin ist schwer und lang
So manchem wird auf halbem Wege bang

Ob verlorener Sonne zwischen Bergen
Wilden Reiterhorden, wüsten Schergen

Wie gierige Mäuler der Verdammnis
Öffnen Gletscherspalten ihr Gebiß

Doch mit Glück hört man allenthalben
Vom Wind, manchmal auch von Schwalben

Daß der Weg sich wirklich lohnt
Zu den Gärten, wo die Ruhe wohnt

Dort wo Seelen vieler Kreaturen
Sich gegenseitig Frieden schwuren

Dort schweben sie in sich versunken
Durchströmt vom reinen Lebensfunken

Der von göttlicher Gesinnung
Stoppt des Daseins faulige Gerinnung

Vegetative Existenz

Siehst du dein Spiegelbild, fühlst du die Zeit?
Blick nicht in die Zukunft, sei einfach bereit

Obligatorische Pläne drehen sich nur um das eine
Sichere Unmündigkeit und träge Gebeine

Lebensbewältigung mit vorgefertigten Schemen
Nicht Freude erleben, sondern Leben entnehmen

Uniformer Individualismus, gepredigt vom Geld
Heul' mit den Wölfen, so stolpert die Welt

Durch Trauer und Leid, durch Kriege und Kummer
Menschenverachtend, sie abstempelnd zur Nummer

Statt persönlicher Freude und spontanem Streben
Energie, aus Selbstsicherheit mit sich zu leben

Wir leben in einer Traumwelt
Aus Wünschen und Zielen
Wir leben in ständiger Trance
So ergeht es vielen

Nur die Auseinandersetzung
Mit der unausweichlichen Welt
Stellt die Löwengrube dar
In die jeder irgendwann fällt

Die ständige Konfrontation
Mit eben diesem Modus
Bedingt unser kurzes Leben
Und den steten Drall des Globus

Unsere Gedanken zu verschmelzen
Mit den reinen Gefühlen der Nacht
Unsere kleine Seele hinzugeben
An das Räderwerk der Macht

Unsere intimsten Empfindungen
Mit der unberechenbaren Realität
In einem Wohlklang zu vermengen
Der Glück in unsere Herzen sät

Das ist die große Hürde
Die zu überwinden wir streben
Des Lebens wichtigste Aufgabe
Das ist Dasein, das ist Leben

Irgendwo im Niemandsland
Zwischen Seele und Verstand

Kreisen wahllos wilde Schemen
Um jene Trutzburg einzunehmen

Die im Tale eingeklemmt
Den Austausch zwischen beiden hemmt

Der Wegzoll dieser Pharisäer
Rückt die Verzweiflung immer näher

Denn stromschnellengleich man meint
Er für Menschen unmöglich erscheint

Die Schattenseite unseres Lebens
Versuchen wir vergebens

Ganz weit hinter uns zu lassen
Doch allenthalben kriegt sie uns zu fassen

Greift mit ihrem Moderfinger
Durch die Maschen unserer Seelenzwinger

Treibt uns in die letzte Ecke
Bringt uns ohne Gnad' zur Strecke

Läßt uns schreiend und vor Schmerzen biegend
Dort in unserem eigenen Blute liegend

Sie auf Knien um Gnade anwinseln
Das ist das Schicksal von uns Einfaltspinseln

Ich träumte vom Leben, ich träumte vom Tod
Ich schwebte zwischen beiden in Not

Ich lebte vom Tod, ich lebte von Träumen
Mir fehlte der Sinn, mich aufzubäumen

Ich starb an Träumen, ich starb am Leben
Ich hatte so viel, doch niemanden zum Geben.

Jungfräuliche Seele, einst warst du nackt und bloß
Kein Tüchlein bedeckte anfangs deinen Schoß

Unschuldig, naiv schwebtest du in reinem Äther
Gebeugt, so sieht man dich später

Ins Kaufhaus des Lebens führt dein hungrig Weg
Desillusioniert fragst du am Schluß nach dem Beleg

Ahnungslos verpaßt man dir die erste Tülle
Erziehung, das steht auf dieser Hülle

Wohlgewappnet schickt man dich dann weiter
Der nächste Scharlatan begrüßt dich heiter

Gesellschaft heißt das zweite Gewand
Man hüllt dich ein, du schaust gespannt

Doch der dickste Schleier kommt zum Schluß
Denn Persönlichkeit ist für jede Seele ein Muß

Gut gekleidet bist du nicht mehr nackt und frei
Gefühle zeigen, das ist nun vorbei

Denn sie müssen zuerst die Siebe passieren
Um gesellschaftlich nicht zu verlieren

Das ganze Leben ist ein Schattenspiel
Geheimnisvoller Auftrag, ohne Sinn und Ziel

Und die Schatten, die auf deiner Seele gleiten
Sind Gefühle, die mit deinen Worten streiten

Manche brennen dir ihr Brandmal ein
Andere wiederum sind weder Nichts, noch Schein

Viele winden sich schlangengleich vor Schmerzen
Vor den Augen und um die Herzen

Sophistisch liegen sie dann auf der Lauer
Um den Sprung zu wagen durch die Mauer

Doch wenigen ist der Blick vergönnt
Auf das, was man das Feld der Wahrheit nennt

Den Rest hat die Gesellschaft ganz galant
Diabolisch grinsend ins Schattenreich verbannt

Hochtrabend konnten deshalb niemals landen
All die Gefühle, die nie ein Echo fanden

Haß und Liebe, Traum und Finsternis
Ist das Dasein ein Erlebnis?

Wissen wir denn immer, was wir tun?
Haben wir geplant das Jetzt und Nun?

Laß uns nicht darüber grübeln
Laß uns die Begierden niemals zügeln
Die Lebensgeister könnten's uns verübeln

Wissen wir, warum die Dinge geschehen?
Begreifen wir denn auch, was wir sehen?

Warum ziehen die Vögel stets 'gen Süden?
Warum muß man seine Schafe hüten?
Warum die Henne ihr Ei ausbrüten?

Haß und Liebe, Traum und Wahrheit
Dasein ist das Erlebnis für jeden, jederzeit!

Vierte Dimension

Leise rieselt Laub vom Baum der Zeit
Zu Ende geht die Phase einer Herrlichkeit

Im Tagebuch da hakt man ab das Jahr
Ganz irritiert vom Wahnsinn, der man selber war

Die leisen Schatten einer jähen Freude
Sind Gefangene in einem Selbstsuchtsgebäude

Eingesperrt von der immensen Wut
Endlich zu beenden, was noch immer ruht

Denn tief in meinem innersten Herzen
Da balgen sich Enttäuschungsschmerzen

Die Flucht davor gleicht einem Labyrinth
Und ich, ich fühl' mich wie ein nacktes Kind

Unbarmherzige, gnadenlose Gottheit
Scharlatan, dem jeder frönt
Dir zu Füßen liegt die ganze Menschheit
Doch keinen hast du je verwöhnt

Omnipräsenter Damokleswahn
Jedermanns Schwert, blutig und rot
Allbekannter, schizophrener Plan
Deine Macht beendet nur der Tod

Dasein, gepreßt und festgelegt
Ins karge darwinistische Schema
Geblendet der, der Hoffnung hegt
Existenz nur als unisono Thema

Freud und Leid, bei Tag und Nacht
In jedem kleinsten Augenblick
Unterwerfen wir uns deiner Macht
Deine Größe fordert unser Geschick

Das humanste aller großen Ziele
Ist, dich ganz zu überlisten
Jede Zelle hängt an diesem Spiele
Und dennoch zimmert man die Kisten

Detailstudien

Wenn ich wüßte, was Leben bedeutet
Wär' ich dann schon tot
Wenn ich wüßte, was Lieben bedeutet
Wär' dann Haß mein täglich Brot

Wenn ich wüßte, was Erfolg bedeutet
Ging dann alles schief
Wenn ich wüßte, was Ehrgeiz bedeutet
Würd' ich schlafen fest und tief

Wenn ich wüßte, was Freude bedeutet
Würd' ich dann klagen
Wenn ich wüßte, was Dasein bedeutet
Hätte ich dann noch Fragen

Auf halbem Weg in die Zukunft
Gestrandet an der Insel der Eitelkeiten
Ausgesetzt wie ein räudiger Hund
Gefangen an der Leine der Einsamkeiten

Auf halbem Weg in die Zukunft
Berge von unerledigten Gefühlen
Türmen sich Gewitterwolken gleich
Und man sitzt wieder zwischen allen Stühlen

Auf halbem Weg nach Nirgendwo
Gestrandet mit der eigenen Sturheit
Sollte so das ganze Leben sein?
Wo ist sie nur geblieben, die reine Wahrheit?

Ist diese Welt groß genug, um davonzulaufen?
Ist dieses Leben kurz genug, um sich zu verkaufen?

Ist diese Gegenwart die einzige, die wir haben?
Sind die materiellen Dinge alles, um sich daran zu laben?

Ist es nicht viel mehr das Wie
und nicht das Was wir machen
Ist es nicht dieses innige, herzliche Lachen

Das wir alle suchen
Und unser Dasein verfluchen

Wahrheit, Mauerblümchen des Erlebten
Im Irrgarten der Gefühle steht ein kleines Kind
    Nackt und frierend, ganz allein
Sucht, mit Worten seine Blöße zu bedecken
    Doch der Erfolg, der ist nur Schein

Wahrheit, Spiel der Argumente
Feucht und kalt wie schweißig' Hände
    Phrasen sind's gewesen
Die jetzt Gerippen gleich in der Sonne
    Vor sich hin verwesen

Freiheit, des Lebens schwerste Meile
Kettensträfling deiner Vorurteile
    Bist du denn frei genug
Um die Wahrheit zu erkennen, Horizont
Zwischen Lüge und Betrug

Die Betrachtung vieler Menschen
Was bleibt davon
Die Verachtung mancher Menschen
Was ist das schon

Wie eine Seifenblase
Zersprengter Regenbogen
So sind unsere Träume
So endlos und verlogen

Wie ein mattes Blatt
Heimatloser Träumer
So schwebst du in der Luft
Du Lebensversäumer

Wie Asche just im Wind
Zerzauster Lebenssturm
Zu einem Nichts zerblasen
So nährt er sich, der Wurm

Die Verachtung vieler Menschen
Wer kommt davon
Die Betrachtung mancher Menschen
Was bringt das schon

Wie Rauchschwaden zieht das Leben schnell vorbei
Wie man es verbringt, ist wirklich einerlei

Wie Zigarettenqualm, der flugs entschwindet
Bevor man einen echten Sinn drin findet

Erinnerungen bestimmen unser Sein
Doch mit der Zukunft ist man stets allein

Warum auch soll man tote Pferde reiten
Sich immer um die selben Dinge streiten

Man weiß, der wahre Weg ist loszulassen
Die kurze Zeit nicht sinnlos zu verprassen

Doch das Labyrinth der menschlichen Gefühle
Setzt uns immer wieder zwischen alle Stühle

Taten, Worte, das ist doch einerlei
Im Narrenhaus, der Lebensschreinerei

Denn dort macht man aus krummen Latten
Übrigens, die einzigen, die sie hatten

Und aus wurmstichigem Holz
Das, was man dann betrachtet voller Stolz

Als Leben, Dasein, Kopf und Herz
Sieht man genauer hin, ist's nur ein Scherz

Verständnislos

Zeiten, Augenblicke, Epochen und Phasen
Alles nur leere Phrasen
Wer will nun noch Schalmaien blasen
Die letzten ruhen in ihren Vasen

Futur, die Zukunft, Aufbruch ins Neuland
Alles nur rutschiger Sand
Mit dem uns noch nie etwas verband
Bevor die Hoffnung verschwand

Gestern ging vorbei die Vergangenheit
Mann, wir waren so gescheit
Erfreuten uns an der Heiterkeit
Sahen nicht die Verbohrtheit

Unruh, Unverstand, nur leere Löcher
Unnütz wie ein leerer Köcher
Der Welt nur mal ihre Diskrepanz
Erörternd, noch und nöcher

Entscheidungen
Warum kann man nicht verstehen
Nicht auf den Grund der Seele sehen
Wenn Menschen an uns vorübergehen

Empfindungen
Die wir gnadenlos dabei haben
Wenn andere sich am Kelche laben
Anstatt an ihrer Unsicherheit zu schaben

Entschuldigungen
Die man fassungslos dann hört
Was einen dann noch völlig verstört
Man kennt den Menschen nicht, man schwört

Erscheinungen
Sie bleiben im dichten Nebel liegen
Denn Synonyme werden niemals siegen
Man kann das wahre Ich nun mal nicht biegen

Zwischengeschlechtliche Aspekte

Gedanken, die mich lieben
Fleisch mit allen seinen Trieben

Sonnenfinsternis in der Nacht
Wer hat das Licht denn ausgemacht

Gefühle allenthalben
So flüchtig wie die Schwalben

Doch sind sie dann erst weg
Packt dich der blanke Schreck

Was bleibt, ist ziemlich leer
Letzter Versuch - schon lange her

Gedanken, die mich lieben?
Fleisch mit allen seinen Trieben?

Stumm sitz ich und blick' aufs Meer
Tropischer Wind spielt in meinen Haaren
Zärtlichkeit, wie lang ist das schon her?
Depression kommt mit den Jahren

Wehmutsvoll lausch' ich den Wellen
Vorbild einer stetig unsichtbaren Kraft
Und die Klippen, die sich dieser stellen
Noch hat das Meer sie nicht geschafft

Schwere Hürden stellt das Leben
Schicksal, Wut, wie sie alle heißen
Manchmal ist es schwer, auch noch zu geben
Wenn die Wunden dich zerreißen

Stumm sitz ich und blick' aufs Meer
Spinne lang und sinnlos die Gedanken
Ohne Liebe ist das Leben ziemlich leer
Und schon wieder seh' ich meine Schranken

Heimatlose Körper
Sinn - und zielverwandt
Gnadenlose Körper
Die ein Wunsch verband

Hemmungslose Leiber
Macht und Herrschaftswahn
Skandalöse Treiber
Aus dem Schmerzensclan

Sinnloses Bohren
In den Seelenwunden
Gehörlose Ohren
Die Augen ganz verbunden

Farblose Fratze
Zehnmal aufgekocht
Blutleere Tatze
Die ans Tor nun pocht

Feuerlöckchen glitzern in der Sonne
Verschmitztes Lächeln auf dem Trapez
Schallendes Lachen voller Wonne?
Schemenhaft, mit Vorsicht stets

Affinität schwebt durch den Raum
Gefährliches Vergnügen, Messers Schneide
Ein sehnsuchtsschwangerer Traum
Pilgert manisch nach dieser Weide

Man schielt auf die verbotenen Früchte
Und gewahrt ein ehrliches Herz
Virilität und ihre ewigen Süchte
Bereiten dir den warmen Schmerz

Doch wie jener Phönix aus der Asche
Steigen weiche Gesten sanft empor
Hoffnung oder feminine Masche?
Unvermeidlich scheint das Eigentor

Im Refugium der Perle
Im warmen Grab aus Fleisch und Blut
Da suhlt man sich vergebens
Und taucht unter in der Glut

Doch die Büchse der Pandora
Sie öffnet sich dann irgendwann
Und ihr entweichen die Dämonen
Gänzlich befreit vom Lügenbann

Ja, noch während man verliert
Unter einem schmerzlich leisen Stöhnen
Beginnen die Neurosen schon
Sirenengleich uns zu verhöhnen

Man spielt mit in diesem Spiel
Und gebärdet sich ganz frech
Der Einsatz ist man selbst
Wer sich verliert - hat der Pech?

Rosen sollten blühen
Nur Dornen leben noch
Der Himmel sollte glühen
Fällt zeitlos in ein Loch

Die Seele wollte leben
Transparenz unserer Membran
Lust sollte beben
Versinkt in kargem Wahn

Das Leben wollte locken
Enttäuschter Narr, verlacht
Den Mund so trocken
Vom süßen Wein der Nacht

Die Konfrontation mit alten Zeiten
Ganz tunlichst zu vermeiden
Schafft wohl niemand auf die Dauer
Erinnerungen liegen überall auf der Lauer

Man glaubt, der Abstand sei perfekt
Schon hat man auch ein Haar entdeckt
Das einem die Suppe grob verleidet
Und durch Mark und Bein uns schneidet

Aus schwarzer Gruft steigen dann empor
All die Zweifel, die man längst verlor
Gebären sich fürchterlich und dumm
Spuken endlos in unseren Köpfen rum

Der Nachgeschmack aus tiefster Lunge
Liegt zentnerschwer uns auf der Zunge

Ihn klein zu beißen und zu kauen
In reinem, klarem Selbstvertrauen
Und Bissen für Bissen ihn dann richtig
Sauber einzuordnen, das wär wichtig

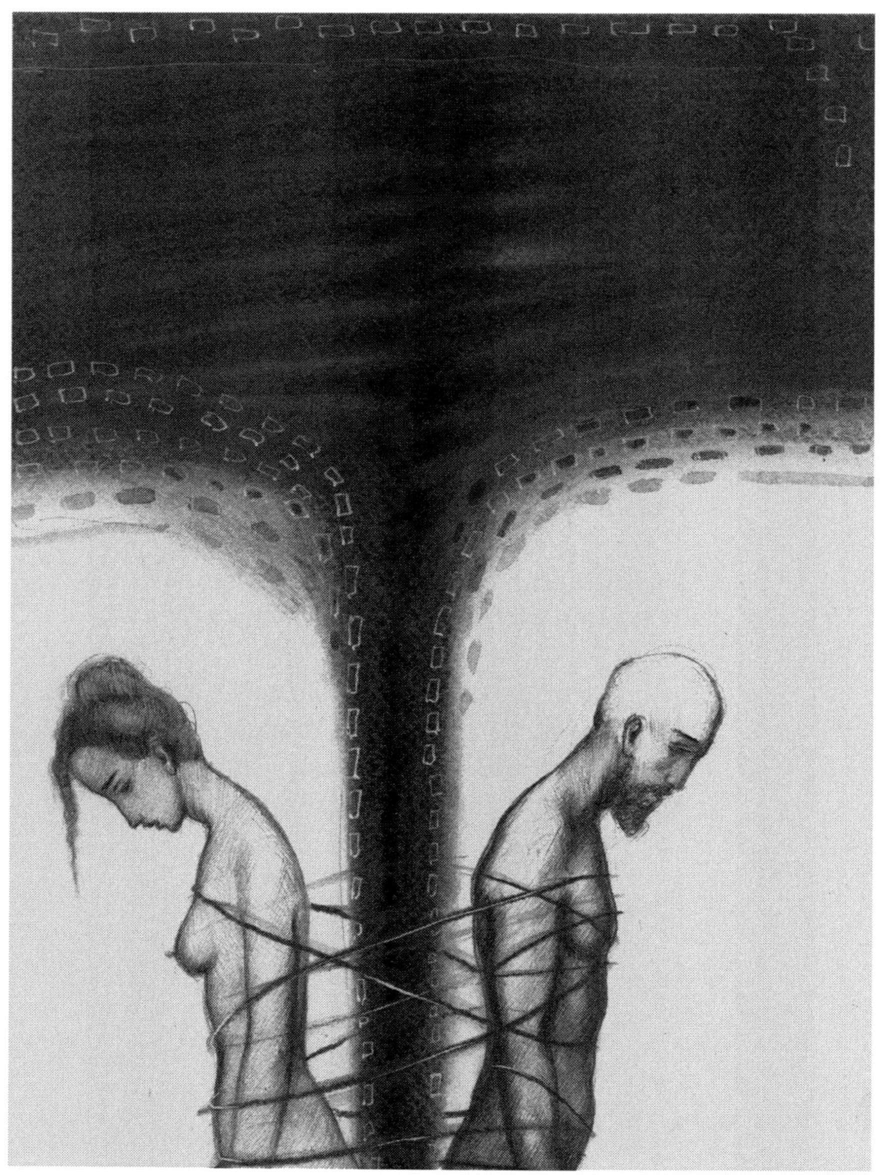

Lebtest du in meinem Leben
Dachtest du es dürfte sein
So fern von allem Streben
Gebettet in den goldenen Schrein

Was ist das für ein großer Wunsch
Chancen ziehn vorbei zu Hauf
Wie süßer schwerer Punsch
Worauf wart ich nur - worauf

Lebte ich in deinem Leben
So dacht' ich würde es sein
So nah am goldnen Regen
Die Hände durchbrachen den Schein

Was für ein vermessener Wunsch
Welten straften uns Lügen
Wer gießt schon Nektar in den Punsch
Warum sich selbst betrügen

Hörst du mir zu
Hörst du, was ich sage
Hörst du die Trauer die ich trage

Höre ich dir zu
Höre ich die Nuancen
Höre ich den Unterschied, und die Chancen

Hörst du mir zu
Hörst du meinen Schmerz
Hörst du den Verlust, in meinem Herz

Hörte ich dir zu
Hörte ich dein Verlangen
Hörte ich die Engel, wenn sie sangen

Hörst du mir zu
Hörst du meine Unrast
Hörst du mich stöhnen, unter der Last

Höre ich dir zu
Höre ich dein Vertrauen
Höre ich das Beil, in dieselbe Kerbe hauen

Zuhören kann sehr wichtig sein
Aber nur die Aufmerksamkeit
Vernichtet jeglichen Schein

Ich sah eine Möglichkeit zu wachsen
Denn ich sah dich

Ich schmeckte verführerische Vertrautheit
Denn ich schmeckte dich

Ich roch allgegenwärtige Zweifel
Denn ich roch dich

Ich hörte unvereinbare Standpunkte
Denn ich hörte dich

Ich fühlte die Übermacht der Entscheidung
Denn ich fühlte dich

Ich sah in die verlockende Zukunft
Aber dich sah ich nicht

Facetten Reich

Leute, die das Leben schrieb
Leute, die die Sehnsucht trieb

Leute ohne Rast und Ruh
Leute, die sich fragen ab und zu

Leute ohne Gewissen
Leute ganz ohne Wissen

Leute, die dir Gutes wünschen
Die alle vereint in einem Menschen

Angst vor den Gefühlen
    Daß sie entschwinden
        Und ganz schnell abkühlen

Angst vor der Vergangenheit
    Kränkungen, sie füllen
        So schnell das Loch der Zeit

Angst vor der Beherrschung
    Sie gänzlich zu verlieren
        Oder viel zuviel der Täuschung

Angst vor der Eitelkeit
    Vollkommenes Spiel
        Das ist des Egos Leid

Angst vor dem Haß
    Die Eroberung der Seele
        Macht uns leichenblaß

Zwischenmenschliche Aspekte

Erwartungen, Kinder des Zorns
Geboren aus einem Meer von Nichtigkeit
Stechender Schmerz des Dorns
Ermahnend ob seiner lauen Wichtigkeit

Welche Macht treibt die Dämonen
Diese Feinde jeder Menschlichkeit
Die in unseren Seelen wohnen
An die Oberfläche unserer Lächerlichkeit

Dorthin wo jeder sehen kann
Wie kleinkariert und dumm wir sind
Ein Teufel, der sich das ersann
Die Ewigkeit bleibt immer Kind

Erwartungen ständig gleicher Art
Die an unseren Kräften zehren
Krebsgeschwüre, klein und zart
Die wissen, trotzig sich zu wehren

Wieviel eherne Selbstsicherheit
Kann man aus seinem Ich gewinnen
Wie oft muß unsre schmale Klugheit
Ungenutzt im Sand des Nichts zerrinnen

Verdammt zum steten Wiederholen
Baut man sich seine Gruft
Schließt ab, ganz leise und verstohlen
Und wartet auf das End' der Luft

Die Motten flattern um den Kelch
Gral der Hoffnung,
Wetzstein ewiger Begierden

Die Motten flattern um das Licht
Warmes Feuer,
Zurschaustellung der Verzierten

Die Motten flattern um den Met
Lähmendes Gift,
Bewältigung eigener Schranken

Die Motten flattern um die Gunst
Zerstörter Mut,
Der Pfeil sitzt tief in den Flanken

Die Motten lieben die Gefahr
Undurchsichtig,
Kalter Nebel der Verdammnis

Die Motten verachten den Talar
Phrasendreschend,
Unglaubwürdiges Gelöbnis

Im Reich der Lebenden
         Bin ich aufgewacht
Im Reich der Strebenden
         Gezahlt die Pacht
Vom Gefühl getränkt
         Tropfend aus allen Poren
Der rote Teppich liegt
         Bereit vor allen Toren
Mit dem Reich der Zweifelnden
         Bin ich vertraut
Ins Reich der Großmäuler
         Hab' ich mich nie getraut
Trotz aller Akzeptanz
         Bleibt es doch schwierig
Soziale Relevanz
         Der Geist so gierig

Freiheit, Fortissimo aus tausend Geigen
Fähigkeit, auf der Vögel Flug zu achten
Wie behende sie 'gen Himmel steigen
Und zielstrebig nach der Ferne trachten

Freiheit, Tatendrang von jungen Zweigen
Individuelles, stetes Sprießen
Der Sonne stets ein Lächeln zeigen
Und die Natur mit Dank begießen

Freiheit, für Menschen bist du Donnerschlag
Du folgst dem Blitz der aufgestauten Wut
Dein spärlich Feuer lodert nur am Tag
In kalter Nacht zertritt man dir die Glut

Lau streicht Mondlicht
Über die Gedanken aus den Jahren
Beleuchtet schwach
Das Wo und Was wir waren
Allgegenwärtig
Sind die ewig selben Fragen
Die trotz unserer Müh'
Immer noch kein Ende tragen
Ungelöste Rätsel
Mensch sein, träg und leer
Gefangen im Sumpf
Das Fortkommen fällt so schwer
Judas gleich
Lastet manchmal die Erfahrung
Auf frischen Zweigen
Jungen Sprossen, unliebsame Paarung
Dann kommen sie
Die groben heimatlosen Horden
Wild beritt'ne Zweifel
In der Sonne blitzen blank die Orden
Der Kampf entbrennt
Verlieren wird am End' nur einer
Der Zweifler selbst
Er macht sich dadurch kleiner
Denn Neuland
Fordert von uns Offenheit
Spießrutenlauf
Für unser aller Eitelkeit

Lebend hab ich mich geglaubt
Vermodert bin ich, angestaubt
Alleingelassen in einer Welt
Die alles verspricht und nichts hält

Um Vertrauen hab ich gerungen
Mich selbst zum Lächeln gezwungen
Komödiantenhaft, doch ich verlor
Den Boden, auf den ich schwor

Im Herzen einen Überschuß
Doch zyklisch ist der Lebensfluß
Und der Dynamik dieses Lebens
Erwehren wir uns doch vergebens

Alle Sehnsucht dieser Welt
Nackt in einen Schrein gestellt
Und allnächtlich unverdrossen
Mit Mitleid gut begossen
Auf daß er sprieße, unser Wahn
Das geht uns leider alle an
Bedrängt von einer grauen Meute
Die lechzend nach der Beute
Dem größten Stück vom Kuchen
Alles mögliche wird versuchen
Läßt man sich von ihr fangen
Von diesen kollektiven Zangen
Ist das Ego schnell verstummt
Das Selbstbewußtsein geht vermummt
Zur blanken Nummer degradiert
Und in die Masse involviert
Begehen wir dann unsere Taten
Vergraben uns dadurch den Spaten
Um tief in uns zu schürfen
Ob wir individuell sein dürfen
Denn in der Menge herrscht der Zwang
Und die Eitelkeit wird zum Drang

Menschen stellen sich Sachen vor
Manche stellen sich Zukunft vor
Menschen stellen Probleme davor

Menschen stellen sich Liebe vor
Manche stellen sich Freiheit vor
Immer steht die Entscheidung davor

Menschen stellen sich Wahnsinn vor
Menschen stellen sich Feigheit vor
Manche stellen sich Lösungen nur vor

Menschen stellen Veränderung vor
Manche stellen das Bein nur vor
Manche scheuen einfach nur davor

Menschheit, durch Technik vereinsamt
Generationen fließen dahin
Menschheit, von Egoismus eingerahmt
Eingesperrt, so planlos in sich drin

Menschheit, ewiges Spiel am Abgrund
Kopfgeburten, alle flügellahm
Menschheit, einsamer Tropf in weiter Rund'
Anbiederungen machen uns zahm

Menschheit, Spielball der Lebenswirren
Schadensbegrenzung ist dein Usus
Menschlichkeit, kann sich so verirren
Das ganze Leben scheint ein Trugschluß

Absurditäten

In einer Kneipe
An der Straße
In ein Leben
Auf der Flucht
In Gedanken
An die Stadt
In der ich einst
Die Lust begrub
In einem Kreislauf
Aus Gefühlen
In einem Sog
Von Bitterkeit

Heraus kommt nicht nur Frust
Heraus kommt auch die Wahrheit

Heulende Wölfe in der Nacht
Haben mich um meinen Schlaf gebracht

Sterbende Wärme immerzu
Drückt mir rasch die Kehle zu

Röchelndes Keuchen in der Not
Apathische Suche nach dem Rettungsboot

Gleisendes Zucken an der Schwelle
Der Einzeller, er verliert die Pelle

Beredter Durchgang, Vision
Scheinbar eine andere Dimension

Objektivität
Ist immer subjektiv

Genialität
Ist immer relativ

Martialität
Ist immer plakativ

Sexualität
Ist immer provokativ

Religiosität
Ist meist destruktiv

Affinität
Ist niemals definitiv

Vier große Himmelsrichtungen
Vier feindliche Verpflichtungen
Auf unsrem Weg
Ins Paradies

Drei ganz heimliche Versuche
Dreimal Stückwerk, man verfluche
Auf unsrem Weg
In das Verlies

Zwei grundverschiedene Welten
Zwei Strömungen, die uns schelten
Auf einem Weg
Unvereinbar

Eine nur scheinbare Wahrheit
Eine verschwindende Klarheit
Auf diesem Weg
Der tauben Schar

Die Blume des Lebens bestäubt dich mit Pollen der Liebe
Du erwachst in strahlend goldenem Glanz
In dir sprießen vehement die längst totgeglaubten Triebe
Zärtlichkeit und Hingabe bitten dich zum Tanz

Elfen schwirren singend über saftig grünen Weiden
Ein Wort, ein Blick, ein kleines Feuer
Brennt unter dem Halteseil auf der Brücke der Leiden
Austausch und Begierden werden teuer

Metamorphose der Gefühle
Großes Rücken der goldenen Stühle

Die enttäuschte Seele beginnt, sich langsam einzuspinnen
Unaufhaltsam wird der Kokon dichter
Zärtlichkeit wird schwer, was ist mit den Sinnen
Ewigkeit bedrückt die Gesichter

Der semipermeable Kokon hält sehr viel zurück
Schweben statt wirklich zu leben
Nebelumwabert suchst du einzig dein Glück
Und du verlernst, Mut zu geben

Metamorphose der Gefühle
Vergebliches Wühlen in eisiger Schwüle

Brüchig wird irgendwann dein schützendes Schild
Beelzebub, der schwarze Haß
Verändert unaufhörlich geifernd dein Lebensbild
Die Höllenlichter werden blaß

Metamorphose der Gefühle
Leidenschaften alleingelassen in der Mühle

Das Schutzschild zerbirst, der Ulane kämpft sich frei
Pechschwarz ist sein Antlitz
Durch den Wiesengrund dröhnt sein irrer Schrei
Wild regiert der Zerstörungsblitz

Metamorphose der Gefühle
Großes Rücken der blutigen Stühle

Überschwenglicher Egotrip

Komm, laß uns durch die Brandung schwimmen
Durch gischtende Fluten voller Haß und Neid
Dorthin, wo sanfte Herzen glimmen
Und kein Lebewesen nach Vendetta schreit

Dort, an den Gestaden ohne Namen
Im Banne ewiger Glückseligkeit
Wo des Hasses finstrer Samen
Sich stets bemüht, doch niemals gedeiht

Dorthin möcht' ich irgendwann gelangen
Und sei's auch noch so schwer und weit
Denn niemand beweint die Bangen
Die ertrinken, in ihrem Selbstmitleid

Zieh' das Leben hin zu dir
Zieh' es ganz über dich
Wie eine samtig weiche Decke
Die dich wärmt in der Nacht

Zieh' das Leben her zu mir
Zieh' es über uns beide
Wie einen Kokon zur Verpuppung
Der Schutz bietet vor der Macht

Zieh' das Leben ins Visier
Zieh' es daran vorüber
Und gib den Blattschuß ab
Im größten Moment der Pracht

Zieh' stärker als das Leben
Sonst zieht es nämlich dich

Ich suchte das Leben
Ich vermißte das Leben
Im Sand verlief der Eiertanz

Ich vergeudete das Leben
Ich verleugnete das Leben
Gestrandet an der Diskrepanz

Ich scheute vor dem Leben
Ich bereute manches Geben
Vorbei mit üblem Mummenschanz

Ich bewegte das Leben
Ich bewegte das Rad der Zeit
Ich bewegte es leider nicht weit

Genug !

Ich will geben
Will mich selbst entführen
In einem Funkenregen aus Gefühlen

Ich will leben
Meine Fingerkuppen spüren
In einem Schauer just verglühen

Ich will rauben
Will Freude strahlen sehen
In einem Feuer aus Vertrauen

Ich will glauben
Und die Ehrlichkeit verstehen
Wo andre Luftschlösser bauen

Laß Wolken sich öffnen
Laß Sturzbäche sich ergießen
Laß den ganzen Müll des Lebens
In blankes Nichts zerfließen

Mach deine Augen auf
Verbreiter deinen gierigen Schlund
Verschlinge alles was da kommt
Aus diesem Leben kunterbunt

Laß dich nicht bedrängen
Laß den Geist niemals einengen
Laß die Freude dir erblühen
Die Krönung aller deiner Mühen

In einem Ring aus Feuer
Tanzt die Eitelkeit in unseren Köpfen
Aus ihrem Totenschädel
Winden Schlangen sich zu tausend Zöpfen

Unter höhnischem Gelächter
Bricht sie dann und wann aus diesem Rund
Zerstört unseren Idealismus
Und treibt es mit uns kunterbunt

Die Opfer jener Raserei
Sind für uns meist schwerlich zu ertragen
Wo doch die Prinzipien
So rein und glasklar vor uns lagen

Exzess im Labyrinth
Schattenfechterei mit unserer Seele
So zerreißt unser Dasein
Und bietet dem Schicksal dar die Kehle

Erwachen ist das Ziel
Um Standpunkte neu zu überdenken
Niemandes Seelenfrieden
Basiert letztendlich nur auf Geschenken

In reines Gold gehüllt
Steht ein Kind am Scheitelpunkt des Lebens
Und wartet dort vergebens
Daß sich sein Traum erfüllt

Naiv hat es geglaubt
Man könnt mit Geld sich alles kaufen
Jetzt sieht man's Haare raufen
Den Illusionen ist's beraubt

Freunde, keiner wollte bleiben
Zwar sind die Menschen meistens käuflich
Doch ist es nicht gebräuchlich
Ihnen alles vorzuschreiben

Zu spät hat es erkannt
Daß Freundschaft Geben heißt, nicht Nehmen
Und sich mit seinen Problemen
Ganz fürchterlich verrannt

Ausweglos in sich gekehrt
Lebt es nun in seinem goldnen Käfig
Von wo aus es sich ziemlich schäbig
Über alles nur beschwert

Nebel des Scheins
Komm über mich
Friß mein blutend Herz
Und rühme dich
Einer Tat die ich selbst gewollt
So Schmerz begehrend und so hold

Knebel des Seins
Verführe mich
Brich Stöcke über mir
Zerstöre mich
Möcht über allen Dingen stehen
Die Asche soll der Wind verwehen

Doch ein hehres End'
Bleibt leider aus
Lebend geht er weiter
Der Leichenschmaus
Pietätsängste treibt man dir aus
Gefühle wandeln sich zum Graus

Die Zeit verrinnt
Kommt über mich
Die Phrasen hohler Scherz
Ich füge mich
Einer Wahrheit, die mich zerstört
Wer wird auf dieser Welt erhört?

Ich habe meinem Körper Sommer verordnet
Auch wenn mein Geist noch im Winter verwurzelt ist

Ich habe meinem Körper Gutes verordnet
Auch wenn mein Geist das Gute noch arg vermißt

Ich habe meinem Körper Leben verordnet
Auch wenn mein Geist das Leben noch sehr vermißt

Ich habe meinem Körper Energie verordnet
Denn mein Geist, der ist und bleibt, wie er ist

Epilog

Eines Tages werd' ich an einem Grab stehen
Und werd' wissen, es ist meines
Eines Tages werd' ich in ein Grab sehen
Und erkennen, das bin ich

Eines Tages werd' ich an einem Grab stehen
Und mich fragen, war das alles
Eines Tages werd' ich in ein Grab sehen
Und denken, das war's dann wohl

Eines Tages werd' ich an einem Grab stehen
Und die Hülle nicht mehr spüren
Eines Tages werd' ich in ein Grab sehen
Und bemerken, wie leicht ich bin

Eines Tages werd' ich an einem Grab stehen
Und werd' fühlen, daß etwas ruft
Eines Tages werd' ich in ein Licht sehen
Und nichts hält mich mehr zurück

Eines Tages wird alles dann ganz anders
Doch bis dahin, bleibt alles wie es scheint

Das Leben ist wie ein Traum
Wie eine Badewanne voller Schaum

Steig' hinein, genieße das Elixier des Lebens
Tauche unter, schau, es ist nicht vergebens

Doch irgendwann zerfällt der Schaum
Es geht so schnell, man glaubt es kaum

Aus ist der Traum !